Y.5492
Mq.

Ye

9938

ÉTRENNES

A M. CLÉMENT,

PAR UN AMI DE M. DE VOLTAIRE;

OU

DÉNONCIATION

DE

L'OMBRE DE BOILEAU,

A L'AUTEUR DES OBSERVATIONS,

Avec une courte Digreſſion ſur quelques Ecrits en Vers contre M. DE VOLTAIRE.

A GENÈVE,

M. DCC. LXXIII.

AVIS DE L'ÉDITEUR.

L'Auteur de cette Dénonciation est un homme de quatre-vingt-douze ans, qui vit loin de Paris, dans une profonde retraite : il est aveugle; & pour se défennuyer, en attendant le jour du Seigneur, qui n'est pas éloigné, il écoute avec plaisir la lecture des nouveautés qu'on lui envoie de la Capitale. Dans le nombre de ces nouveautés, il s'est trouvé une Satyre intitulée *Boileau à Voltaire*, dont notre bon Vieillard a été indigné; il l'a été bien davantage, lorsqu'il a su que cette Satyre, d'abord colportée clandestinement, était devenue publique. Depuis qu'il s'amuse à lire ou à se faire lire les sottises qu'on imprime, & les beaux complimens que les Auteurs se font quelquefois, il n'a rien vu de plus répréhensible.

Sur le compte qu'on lui a rendu que *M. Clément*, autrefois Régent à Dijon, était aujourd'hui à Paris un grand faiseur d'observations grammaticales, & qu'il était d'ailleurs un grand admirateur de *M. de Voltaire*, notre vieux Hermite a pris la liberté de lui dénoncer cette Satyre dont il n'a pu découvrir l'Auteur, mais qu'à son langage, il croit être né & élevé loin d'Athènes.

L'HERMITE NONAGÉNAIRE,

A M. CLEMENT.

J'AI lu, Monſieur, les Vers que vous avéz faits à la gloire de *M. de Voltaire*, & la Fable dans laquelle vous déſignez ce chantre de *Henri IV* ſous l'emblême d'un roſſignol (1). Cet hommage prouve que vous êtes ſon admirateur & ſon ami.

On me mande auſſi que vous faites des obſervations ſur les bons ouvrages qui paraiſſent. Il n'y a certainement que la gloire d'être utile, & l'extrême envie de vous faire beaucoup d'amis qui aient pu vous faire embraſſer un métier dans lequel *Gacon, Faidit* & *Desfontaines* ſe ſont immortaliſés. Vous rendrez dans cet état de très-grands ſervices aux Belles-Lettres & à ceux qui les cultivent. La Langue des *Boſſuet*, des *Racine*, & des *Fénelon*, reprendra bientôt par vos ſoins l'éclat dont elle brilla dans les beaux jours de Louis XIV.

C'eſt ſous ce double titre de vengeur de notre Langue & d'admirateur de *M. de Voltaire*, que je vous dénonce l'*Ombre de Boileau*. C'eſt une Satyre qui fourmille de contre-ſens, de penſées fauſſes, de barbariſmes, de vers durs, de vers pillés & proſaïques, de contradictions, de répétitions, de calomnies, &c.

Un tour cruel joué à *Boileau* de ſon vivant, fut de ſe ſervir de ſon nom pour déchirer des hommes

---

(1) Les Vers & la Fable de M. Clément ſe trouvent chez Valade, rue S. Jacques.

en place. Les jaloux ne pouvant l'égaler, voulaient le perdre. La tombe ne l'a pas mis à couvert de cette indignité : plus de soixante ans après sa mort, on fait parler son ombre, & cela pour insulter le premier homme de l'Europe. S'il vivait encore, il se ferait justice du malhonnête Ecrivain qui profane son nom. Je vous la demande cette justice, au nom de ce même *Boileau* qui fut mon ami, & qui en mourant se recommanda à moi.

Ma vieillesse, les infirmités dont je suis accablé, le peu de relation que j'ai avec les honnêtes gens, qui dans la Capitale cultivent les Lettres, ne me permettent pas d'engager le combat. Ce serait trop exposer la gloire de mon ami que de vouloir le défendre ; mais vous, *mon cher Monsieur Clément*, qui, outre les avantages de la jeunesse, avez un nom très-connu, beaucoup d'amis, & un mérite qui ne vous fait point d'envieux, c'est à vous à prendre les armes. Vieux Athlete, appuyé sur la barriere, la sagesse veut que je me borne à vous voir combattre & à vous applaudir.

Vous devez d'ailleurs cette marque d'amitié à *M. de Voltaire*, à qui vous avez tendrement écrit :
O toi que j'aime autant que je t'admire !
Il est, ainsi que moi, vieux & malade. Le peu de jours qui lui restent, doit être mieux employé qu'à faire la guerre aux ombres. Il se reproche trop d'avoir perdu, dans l'espace de soixante ans, deux fois vingt-quatre heures, pour se battre contre une douzaine de moulins à vent. C'est l'office d'une ame honnête & généreuse telle que la vôtre, de défendre son ami des attaques des revenans. C'est assez pour lui de repousser de tems en tems les calomnies des vivans ; il faut que votre amitié le venge des injures des morts.

Outre ce beau fentiment qui vous follicite en faveur
de cet illustre Vieillard, la gloire de la France vous
appelle au combat. Quand les étrangers nous reprochent d'avoir perfécuté *Defcartes*, nous répon-
dons que *Mallebranche*, l'un des plus beaux génies
de l'Europe, vengea ce Philofophe des calomnies
de *Voet*, & de vingt autres petits fanatiques auffi
infolens que *Voet*.

Lorfqu'on nous dit que nous accufâmes d'athéifme
Pafchal, *Arnaud*, *Gaffendi*, *Thomaffin*, *Regis*,
nous produifons cent preuves que cette abominable
délation a été défavouée, & que tous les honnêtes
gens fe font foulevés contre le fou qui l'avait for-
mée (1). Si ces mêmes étrangers, cherchant à nous
humilier, nous reprochent d'avoir voulu accabler un
Vieillard de foixante-dix-neuf ans, nous leur impo-
ferons filence, en leur montrant qu'un ami généreux,
l'a encore mieux défendu qu'il n'a été attaqué.

Enfin, mon cher *Clément*, la caufe de *Boileau*
dont vous êtes l'admirateur, celle de notre Langue
dont vous vous êtes déclaré le défenfeur, la caufe
de *M. de Voltaire* dont vous vous dîtes l'ami, celle
de la France littéraire dont vous êtes l'ornement,
font toutes entre vos mains. C'eft à vous à défendre
de fi grands intérêts. Je vais vous dire, en trente pages
feulement, ce qui m'a le plus révolté dans la Satyre
du *Secrétaire de Boileau*, & avec le précieux
talent que vous avez de commenter, de paraphrafer,
& de répéter dans un ouvrage ce que vous avez dit
dans un autre, vous pourrez faire deux gros &
bons volumes d'obfervations qui inftruiront le Public,
& qui ne l'ennuieront pas.

_____

(1) Ce fou eft le Jéfuite *Hardouin*: on l'appellait de fon
vivant *le Père éternel des petites maifons*.

DÉNONCIATION

DE

L'OMBRE DE BOILEAU.

§. I.

Injustice.

C'EN eſt une grande de dire que *M. de Voltaire* a outragé *Boileau*. La vérité eſt que dans ſes converſations comme dans ſes écrits, il en a toujours parlé avec reſpect. Peut-être bien a-t-il dit qu'il était beaucoup moins aimable qu'*Horace*, ce qui eſt très-vrai : mais a-t-il été queſtion de poétique ? Il n'a pas héſité à donner la préférence à celle de *Boileau*. A-t-il fallu décider entre le *lutrin* & *la boucle de cheveux* de *Pope* ? Avouons qu'il eſt le ſeul Français qui ait pris ſon parti contre les Ecrivains Anglais que l'amour de leur patrie rendait injuſtes à ſon égard. Il les a détrompés fort poliment, & ne leur a point dit d'injures. On pourrait encore lui reprocher de s'être un peu égayé aux dépens de ces mêmes Anglais, qui mettaient dans la même balance notre *Art poétique* & leur *Essai sur la critique*. On ferait un livre fort utile, de tous les endroits où *M. de Voltaire* cite honorablement le nom de l'immortel *Boileau*, & ce livre serait certainement le plus beau monument qu'on eût encore élevé à sa gloire.

Il est bien vrai que dans une Epître fort admirée, & que tous les hommes instruits savent par cœur, M. de Voltaire a dit :

Boileau correct Auteur de quelques bons Ecrits,
Zoïle de *Quinault* & flatteur de *Louis*.
Mais oracle du goût dans cet art difficile,
Où s'égayait *Horace*, où travaillait *Virgile* ;
Dans la Cour du Palais je naquis ton voisin ;
De ton siècle brillant mes yeux virent la fin ;
Siècle de grands talens, bien plus que de lumière,
Où *Corneille* en bronchant sut ouvrir la barrière.
Je vais t'écrire un mot sur tes sots ennemis,
A l'Hôtel *Rambouillet* contre toi réunis,
Qui voulaient pour loyer de tes rimes sincères,
Couronné de lauriers, t'envoyer aux galères.
Ces petits beaux esprits craignaient la vérité,
Et du sel de tes vers la piquante âcreté.
Louis avait du goût, *Louis* aimait la gloire ;
Il voulut que ta muse assurât sa mémoire,
Et satyrique heureux par ton Prince avoué,
Tu pus censurer tout, pourvu qu'il fût loué.
Bientôt les courtisans, ces singes de leur maître,
Surent tes vers par cœur & crurent s'y connaître.
On admira dans toi jusqu'au style un peu dur
Dont tu défiguras le vainqueur de Namur ;
Et sur l'amour de Dieu ta triste psalmodie,
Du haineux Janséniste, en son tems applaudie ;
Et l'équivoque même, enfant si ténébreux,
D'un père sans vigueur, avorton malheureux.
Des muses dans ce temps, au pied du trône assises,
On aimait les talens, on passait les sottises,

Ce font là, fi je ne me trompe, des vérités hif-
toriques mifes en beaux vers. *M. de Voltaire*, à
qui on ne peut refufer aujourd'hui la fouveraineté
du Parnaffe, a jugé *Boileau*, & ne l'a point outragé,
Il a dit en vers harmonieux ce que nous difons
tous les jours dans nos oifives & bruyantes converfations. C'eft une injuftice de vouloir lui faire un
crime d'avoir ufé, après la mort de *Boileau*, d'un
droit dont celui-ci fe fervit du vivant de *Corneille*
& de *Moliere*, pour fe moquer d'*Agéfilas*, d'*Attila*,
& des *Fourberies de Scapin*.

Les ombres font juftes ; & au tribunal de la
vérité, celle de *Boileau* avouerait que de fon vivant,
il flatta fon Roi qui aimait à l'être, qu'il déchira
l'aimable Auteur d'*Armide* & de *Théfée* ; qu'il
dédaigna trop *Le Taffe*, qu'il ne connaiffait que
par de mauvaifes traductions ; que fa *Satyre fur
l'Equivoque* eft un ouvrage faible, que fon *Ode fur
la prife de Namur* l'eft encore davantage, quoique
cette Ode eût été revue & corrigée par *Racine*,
& louée par les courtifans ; enfin, qu'il fe re-
pentit d'avoir fait fon *Epître fur l'amour de Dieu*,
& s'il vivait encore & qu'il vît les Jéfuites détruits,
il fe repentirait bien davantage d'avoir demandé, en
rampant, pour cette Epître le fuffrage du *P. de la
Chaife*.

De nos jours, on a imprimé que *Boileau* était
un malhonnête homme, parce qu'il fe moqua
injuftement de quelques petits Auteurs du fiècle
dernier. Cette morale paraît un peu trop févère. Ce
n'eft pas affez connaître les loix du Parnaffe, en vertu
defquelles on peut dire un bon mot fans ceffer
d'être honnête homme.

§. II.

Méchanceté.

» Tes amis font. . . . .
» Tous prêts à me damner, s'ils pouvaient croire en Dieu.

Voilà une accufation d'Athéifme en forme contre tous les amis de *M. de Voltaire* : comme depuis plus de foixante ans j'ai l'honneur d'être au nombre de fes amis, je m'en trouve perfonnellement offenfé ; & par-là même je me crois en droit de me défendre, & de dire au *Secrétaire de Boileau*, que je ne fuis point un Athée, & que je ne veux point le damner. Je defirerais feulement qu'il fût plus honnête & moins méchant. Je ne ferai point un traité exprès pour lui prouver que je crois en Dieu, mais je lui dirai que fon zèle contre les amis de *M. de Voltaire* me paraît peu réfléchi, très-imprudent, & tout-à-fait mal-adroit.

Notre fiècle n'eft point parfait, il faut en convenir ; mais on peut, je crois, s'en contenter, en attendant mieux. Il faut fur-tout ne pas faire, par des délations odieufes, revivre ces temps affreux où *Garaffe* imprimait infolemment que *Théophile de Viau* était *un bélître d'Athéifte*, tandis que le Jéfuite *Guerin* fon confrère prêchait qu'il fallait *griller cet Athée* (1). On ne faurait être trop retenu, quand on fait

_____

(1) Voici quel était le langage du *P. Guerin*, en prêchant :
» maudit fois-tu, Théophile, maudit foit l'efprit qui t'a
» dicté tes penfées, maudit foit la main qui les a écrites.
» Malheureux le Libraire qui les a imprimées, malheureux

des Satyres ; parce que des hommes peu inftruits peuvent fe permettre de dire en chaire ce qu'un ignorant a écrit. Alors les têtes s'échauffent & les bûchers s'allument.

Dans des temps plus près de nous, *Hardouin* traita d'Athées *Arnaud*, *Pafchal* & *Nicole* ; mais ces grands hommes étaient morts, ainfi le Jéfuite ne pouvait nuire qu'à leur mémoire & aux Janfé- niftes fes ennemis ; & comme cet *Hardouin* était reconnu pour fou, il ne fit même aucun tort à la mémoire des morts.

Il n'en eft pas de même de ceux qu'on accufe aujourd'hui d'Athéifme, ils font encore vivans, ils font parmi nous ; les uns occupent des places importantes, les autres des emplois honorables ; & l'accufation d'Athéifme qu'on leur intente, pourrait, fi l'on y ajoutait foi, leur faire tout perdre, for- tune, rang, crédit & amis. Ce qui peut raffurer fur l'effet de cette accufation, c'eft qu'un des amis de *M. de Voltaire* vient d'obtenir un logement au Louvre ; l'autre a été agréé par le Roi pour Se- crétaire perpétuel de l'Académie Françaife, & que

---

>> ceux qui les ont lues, malheureux ceux qui t'ont jamais
>> connu : & bénit foit M. le Premier Préfident, & bénit
>> foit M. le Procureur-Général qui ont purgé Paris de ta
>> perfonne. Je dirai, après le Révérend Père *Garaffe*,
>> que tu es un bélître, que tu es un veau : que dis-je,
>> un veau ? D'un veau, la chair en eft bonne boulie,
>> elle en eft bonne rôtie ; de fa peau on en couvre des livres ;
>> mais la tienne, méchant, n'eft bonne qu'à être grillée :
>> auffi le fera-t-elle demain ; tu t'es moqué des *Jéfuites*,
>> & les Pères *Jéfuites* fe moqueront de toi.

l'autre a été choifi, fur dix concurrens, pour être Hiftoriographe de France.

§. III.

Calomnie.

" Je veux au lieu de Dieu régner dans les efprits.

Ce n'eft point adroit de mettre dans la bouche de *M. de Voltaire*, une fottife en mauvais vers. Ce *je veux au lieu de Dieu* eft déteftable en poéfie, & ne ferait pas fupportable en profe.

Quiconque a lu fes ouvrages, doit être convaincu qu'il eft un des plus refpectueux adorateurs de la Divinité. Dans tous les temps il a déclaré la guerre à l'Athéifme, qu'il regarde comme une maladie d'efprit très-pernicieufe à la Société, fur-tout fi cette maladie s'emparait de la tête de ceux qui gouvernent.

Un des premiers ouvrages de *M. de Voltaire*, eft une *Ode à Dieu*, & depuis cette Ode il a compofé plufieurs Ecrits qu'on peut regarder comme des traités complets de l'exiftence d'un Etre fuprême. Il eft peu de cours de Théologie où les preuves de cette exiftence foient auffi fortes & auffi lumineufes. Avec quelle chaleur ce refpectable Vieillard ne vient-il pas de s'élever contre le *Syftême de la Nature* ! Ouvrage diffus, incorrect, ennuyeux, peu inftructif, & fort dangereux.

Nous avons tous connu, dans le pays que j'habite, un jeune homme qui, frappé du mal qu'en parlant de Dieu les ambitieux ont fait au genre humain, & ne s'étant jamais malheureufement occupé des grands biens que la Religion a faits fur la terre, tomba dans l'Athéifme. Quelques converfa-

tions qu'il eut en Pruſſe avec *la Métrie* , finirent
d'égarer ſa raiſon.

De retour en France , il vivait paiſiblement au
milieu d'une famille qui l'aimait, & dont il faiſait
le malheur par ſa façon de penſer. On le confia
à un Docteur de Sorbonne qui habitait une cam-
pagne peu éloignée de ma retraite. Ce Docteur
était un fort honnête homme & très-inſtruit ; il
avait des mœurs , du zèle, & un revenu conſidérable qu'il regardait comme le patrimoine des pau-
vres. Le jeune homme le voyait avec un plaiſir
toujours nouveau, quoiqu'il fût bien ſûr que Monſieur
le Docteur lui parlerait de ſon incrédulité.

Le Théologien & l'Athée eurent des conférences
en regle ; mais, ſoit que celui-ci , même avec du
zèle & le talent de plaire, manquât d'adreſſe , ſoit
qu'il employât mal les bons raiſonnemens de l'école,
la maladie du jeune homme alla en empirant.

Vers ce temps-là parut le *Dialogue de Lucrèce
& de Poſſidonius.* Notre Athée le lut avec empreſ-
ſement. Les raiſonnemens de *Poſſidonius* l'ébranlè-
rent , & il recouvra en peu de jours ſa raiſon &
toute ſa croyance, & en conſéquence il fit de bonnes
œuvres. Il eſt mort entre mes bras , il y a deux ans ; &
une des conſolations de ma vieilleſſe eſt de l'avoir
vu juſqu'à ſon dernier moment adorer humblement
l'Etre ſuprême , & intimément perſuadé que cet
Etre eſt le vengeur du crime & le rémunérateur de
la vertu.

§. IV.

Impiété.

» On voit tes amis
» D'aife fe pâmer, lorfque du même ton
» Tu viens à baffouer Jefus-Chrift ou F.....

C'eft une impiété horrible d'accoler le nom adorable de J. C. avec celui de je ne fais quel miférable F..... Outre l'impiété, ces vers renferment une calomnie abominable contre *M. de Voltaire.* Elle eft trop grave pour n'être pas réfutée.

En plus de vingt endroits, foit de fes poéfies, foit de fes hiftoires, *M. de Voltaire* parle de J. C., & c'eft toujours avec le ton du plus grand refpect ; c'eft toujours fous les noms auguftes de *divin fondateur de notre fainte religion ; de l'envoyé de Dieu, de maître de la vérité.*

Tout le monde fait par cœur les beaux vers de la Henriade où il eft queftion du *divin réparateur.* Si dans quelques ouvrages que *M. de Voltaire* défavoue, & que, malgré fes défaveux, on s'acharne à lui attribuer, il eft quelques expreffions peu conformes à la créance reçue, je ne les connais pas ; je ne lis que les bons livres qu'il avoue, que la Police permet, & que nos fages maîtres en Sorbonne n'improuvent pas.

§. V.

Malhonnêreté.

» Et T.....
» Sonner en fanfaron de la trompette épique.

Ce T. défigne, à ce qu'on nous mande, *M. Thomas*

de l'Académie Françaife. Nous fouhaitons à l'éner-
gumène qui fait hurler en mauvais vers l'*Ombre de
Boileau*, autant de vertus & autant de talens qu'en
a cet Académicien. Citoyen paifible , homme de
Lettres laborieux & folitaire , il ne s'amufe pas à
faire des Satyres ; il ne s'abaiffe pas non plus à ré-
pondre aux Satyriques. Il plaint feulement ces lit-
térateurs obfcurs & baffement jaloux , qui , pour fe
dédommager des talens que la nature leur a refu-
fés , effaient de jeter du ridicule fur des ouvrages
qu'ils ne connoiffent pas.

§. VI.

Autre Malhonnêteté.

»On te verra brûler ton encens pour *de Lifle.*

M. de Voltaire a répété ce qu'on a dit à Paris
& en Province, au fujet de *M. de Lifle*, qu'il a
fouvent égalé *Virgile* fon modèle, qu'il l'a embelli
quelquefois, que fa *traduction des Géorgiques* eft
la meilleure que nous ayons encore. C'eft encou-
rager les talens que de les louer à propos ; & on
leur nuit fort fouvent , quand on en fait l'objet de
fes Satyres.

§. VII.

Leçon d'honnêteté au Secrétaire de Boileau.

»Complaifant & difcret, applaudir *même à Blin.*

Ce *même* eft injurieux & méprifant ; & ce n'eft
point avec ce ton qu'on doit parler d'un homme
qui, après *M. Collardeau*, a eu dans le genre de
l'Héroïde le plus grand fuccès.

M. Blin de Sainmore envoya, il y a peu d'années, des étrennes en vers, à *M. de Voltaire* : ces étrennes étaient des plus flatteuses. Il lui avait déjà fait hommage de son Héroïde de *Gabrielle d'Estrées* ; à ce beau présent, il avait joint de très-jolis vers en son honneur. *M. de Voltaire*, sensible à ces marques d'attention, remercia en beaux vers le jeune Auteur.

Il est bon de remarquer que *M. de Voltaire* s'est fait toute sa vie un devoir d'être honnête. C'est un bel exemple qu'il a donné à ceux qui cultivent les Lettres. Il n'y a que la grossièreté qui puisse blâmer en lui un des premiers liens de la société civile, celui de l'honnêteté, toujours consolante pour ceux qui commencent ou qui ne sont point encore placés aux premiers rangs.

Si *M. de Voltaire* n'eût pas répondu, par des procédés honnêtes, aux hommages qu'on lui a rendus, on l'eût traité dans cent brochures, d'homme fier & arrogant. Il a été honnête envers tous les jeunes Auteurs, & autant qu'il l'a pu ; & il est absurde qu'on lui en fasse un reproche.

§. VIII.

Fausseté.

» Quiconque est sans génie est sûr de ton suffrage.

Tout honnête homme, tout littérateur modeste, qui s'est adressé à *M. de Voltaire*, est devenu l'objet de ses bons offices, très-souvent même de sa générosité. Quant à son suffrage, il l'a constamment refusé aux imbéciles, aux fanatiques, aux méchans, & c'est ce qui, depuis soixante ans, a

armé

armé contre lui les *Bonneval* , les *Desfontaines* & leurs succeffeurs.

Il faut encore qu'on apprenne qu'il a quelquefois fait l'aumône à des Ecrivains, à qui il a été obligé enfuite de refufer fon fuffrage & fon eftime.

§. IX.

Fauffe Maxime.

»Le feul génie a droit à des fuccès conftans.

On peut avoir beaucoup de génie & ne pas toujours réuffir. Nous avons fix ou fept chef-d'œuvres de *Corneille* , & vingt mauvaifes Pièces. *Racine* a terminé fa carrière par des Tragédies immortelles, & il avait commencé par une Pièce très-faible. (L'Auteur du *Vert-Vert* l'eft auffi d'*Edouard*. De tous nos grands Poëtes qui font morts, il n'en eft aucun dont la collection des œuvres ne contienne tout à la fois du fublime, du médiocre & du plat. *Rouffeau* a fait de belles Odes , *le Caffé* , les *Ayeux chimériques* , & dix autres mauvais ouvrages vantés par l'*Abbé Desfontaines* , & oubliés malgré les éloges de cet Abbé. La même main qui décrivit le *paffage du Rhin* , qui traça l'*Art poétique* , écrivit auffi l'*Epître fur l'amour de Dieu*.

§. X.

Anecdote touchant l'Epître fur l'amour de Dieu.

Boileau , le fléau des petits Auteurs de fon tems, cet homme févère qui fe vantait d'avoir été le modèle fur lequel *Molière* avait efquiffé fon Mifanthrope, voulut lire cette Epître au *P. de la Chaife* , qui

pouvait lui être utile par son suffrage , & le perdre
en la désapprouvant, comme il perdit *Racine* quelque tems après. Il alla voir ce Jésuite , accom-
pagné de l'*Abbé Boileau* son frère , Docteur de
Sorbonne , & grand ennemi des Jésuites. Cet Abbé
était un homme de bonnes mœurs , mais d'un caractère caustique & bouffon. Il est connu par l'*Histoire des Flagellans* , ouvrage singulier , & par un
Traité encore plus singulier sur les *Attouchemens
impudiques.*

Le Docteur *Boileau* portait avec lui une longue
liste de passages, pour appuyer les sentimens que
son frère avait mis en vers. Le *P. de la Chaise* ha-
rangua d'abord les deux frères sur l'importante ma-
tière de l'amour de Dieu, & écouta ensuite la lecture de cette Epître dont on parlait beaucoup à la
Cour & à Paris ; toutes les fois que le Jésuite
fronçait les sourcils, l'Abbé citait un texte de Saint
Augustin ; le Poète, de son côté, disait humblement :
« *M. Bossuet* & M. l'Archevêque de Paris ont lu &
» approuvé ces vers , cependant s'ils déplaisent à Votre
» Révérence, je les supprimerai ».

On est étonné de voir le fier & redoutable Satyrique , mendier bassement l'approbation d'un Jésuite
pour un ouvrage très-médiocre , & qui avait déjà
l'approbation de *Bossuet*. Ne blâmons point *Boileau*,
mais plaignons-le d'avoir montré une telle faiblesse
dans ses dernières années , & dans un tems où,
craignant de perdre avant de mourir les bontés de
son Roi , il crut qu'il était nécessaire de ménager un
homme qu'on nous a peint comme très-dangereux,
& qui le fut encore moins que son successeur *Le Tellier.*

§. XI.

Reproche déplacé.

» Tu voulais déchirer la couronne superbe
» Que l'illustre *Rousseau* partage avec *Malherbe.*

M. de *Voltaire*, malgré les mauvais procédés de *Rousseau* devenu son implacable ennemi, lui a toujours rendu justice comme Poëte lyrique. Il l'a constamment loué comme un Auteur correct, énergique, travaillé dans ses Odes & très-châtié dans ses Epigrammes, sur-tout dans ses Priapées, qu'il n'a que le mérite d'avoir richement rimées. On ne peut disconvenir que *Rousseau* ne soit un peu sec : il a souvent le feu d'Horace, mais très-rarement en a-t-il les agrémens ; on apprend avec peine ses vers, & on les oublie facilement. Ajoutons encore que *Rousseau* a fait de mauvaises Comédies, de mauvais Opéra, de mauvaises allégories : ses Epîtres sont écrites d'un style sombre & souvent barbare ; loin de la Capitale (pour me servir des expressions de l'Abbé d'Olivet devenu son Apologiste) *il avait perdu cette fleur d'expression qui tient à l'urbanité.* Presque tout ce qu'il a fait en terre étrangère, justifie le reproche que les hommes de goût lui ont toujours fait, d'avoir perdu son génie & conservé son venin. C'est un très-mauvais service que l'amitié du jeune *Racine* a rendu à la mémoire de *Rousseau*, en compilant cinq volumes de Lettres, parmi lesquelles il n'y en a pas quatre qui méritent d'être lues.

§. XII.

Défaut de jugement, au sujet du Poëte Rousseau.

On sait que *Rousseau* était un des plus intrépides détracteurs du grand *Corneille.*

« *Corneille*, disait-il, au lieu d'exprimer dans ses
» Amans le caractère de l'Amour, n'a exprimé que
» son propre caractère, & n'en fait le plus souvent
» que des Avocats pour & contre, des *Sophistes*, &
» quelquefois même des *Théologiens* ».

Il dit encore, « les *Héros* dans les *Tragédies*
» doivent être amoureux, & non pas discoureurs
» d'amour, comme dans les Pièces de *Corneille* ».

Concluons que l'homme honnête qui parle au
nom de Boileau, paraît être peu judicieux : il ne
devait pas, ce semble, reprocher à *M. de Voltaire*
d'être le *Zoïle de Corneille*, & quelques vers après,
louer *Rousseau*, qui en a souvent mal parlé, & qui
n'en a jamais dit du bien ; il devait bien moins
mettre ce reproche dans la bouche de *Despréaux*,
qui de son vivant fit contre *Corneille* deux petites
mauvaises Epigrammes, & qui, dans son *Art poétique*, a dit à son sujet :

» Tous ces pompeux amas d'expressions frivoles,
» Sont d'un déclamateur amoureux de paroles.

Un semblable défaut de jugement de la part du
Secrétaire de Boileau, tend à persuader qu'en l'autre
monde les ombres y sont aussi ignorantes que certains hommes en celui-ci ; mais nous n'en voulons
rien croire.

§. XIII.

Petit commentaire sur ces paroles :

» *Zoïle, de Corneille.*

Sur quoi fonde-t-on ce reproche ? C'est sans
doute sur l'excellent commentaire dont *M. de*

Voltaire a enrichi notre littérature ; mais cet ouvrage eſt fait ſans fiel, ſans partialité, avec cette
juſtice & même ce reſpect qu'un vieux ſoldat conſerve
toujours en parlant des fautes de ſon Général. C'eſt
un monument élevé ſous les auſpices de l'Académie
Françaiſe, à la gloire du grand *Corneille* ; monument utile aux étrangers qui apprennent notre langue,
comme à tous ceux qui conſacrent leurs talens au
Théâtre, & qui a valu une fortune conſidérable au
dernier rejeton du ſang de *Corneille*.

Ajoutons encore que c'eſt pour venger ſon Général, que *M. de Voltaire* dans cet ouvrage dévoue
à l'opprobre les noms des *Claverets*, de *Scuderi*,
des *d'Aubignac* & de leurs ſemblables.

N'oublions pas que M. l'Abbé *d'Olivet* fit des
Notes grammaticales ſur les Tragédies de *Racine*.
La ſageſſe & le goût accompagnaient ces Notes,
& cela n'empêcha pas qu'un *Desfontaines* n'affublât
M. l'Abbé *d'Olivet* du nom de *Zoïle de Racine*.

§. XIV.

L'éfaut de mémoire au ſujet de M. Greſſet.

Nous allons citer les Vers dans leſquels *M. Greſſet*
parle de *Boileau* & de ſes Satyres. En comparant
ces Vers avec ceux de *M. de Voltaire*, que nous
avons déjà tranſcrits, le lecteur équitable verra
contre lequel des deux Poëtes l'*Ombre de Boileau*
devrait être le plus irritée.

> En vain guidé par un *fougueux délire*,
> Le Juvénal du ſiècle de *Louis*,
> Fit un talent du *crime de médire* :
> Mes yeux n'en furent jamais éblouis.
> Ce n'eſt pas là que ma raiſon l'admire ;

B iij

Et *Despréaux*, ce chantre harmonieux,
Sur les autels du poétique empire,
Ne ferait point au nombre de mes Dieux,
Si de l'opprobre, *organe impitoyable*,
Il n'eût chanté que les malheureux noms
Des *Collerets*, des *Cotins*, des *Pradons*;
Mânes plaintifs, qui sur le noir rivage,
Vont regrettant que ce *cenfeur fauvage*,
Les enchaînant dans d'immortels accords,
Les ait privés du commun avantage
D'être cachés dans la foule des morts.

Il eft ici queftion du *fougueux délire de Boileau*, de fon *crime de médire*; M. Greffet le traite de *cenfeur fauvage*, *d'organe impitoyable de l'opprobre*. Il eft très-vraifemblable que fi l'ombre de ce cenfeur avait connu ces Vers qui font fçus de tous les écoliers, ou du moins fi elle ne les avait pas oubliés, elle aurait, avant de vomir tant d'injures contre *M. de Voltaire*, apoftrophé *M. Greffet*, & ne l'aurait point loué.

Difons plutôt que *M. Greffet*, dont nous admirons les premières & ingénieufes productions, n'eft plus pour les Satyriques modernes un objet d'envie, comme il le fut pour fon ex-confrère l'Abbé *Desfontaines*, qui pendant plufieurs années le molefta cruellement. Ajoutons à cela que fa conduite eft pour nous un grand fujet d'édification, & qu'un critique n'eût pas gagné deux fous à le déchirer.

§. XV.
Imputation abfurde.

» Mais c'était peu pour toi, jouets de ta démence,
» D'outrager le bon fens, les mœurs & la décence,
» Des talens dont toi-même en fecret tu fais cas.

Tout homme inftruit fait que *M. de Voltaire* n'a

parlé des talens qu'avec respect, & qu'il les a tous
aimés ; il en a cultivé beaucoup, & il les a tous
célebrés. Ce n'est pas en secret, c'est en public qu'il
leur a rendu hommages. On sait encore qu'il a
encouragé, par des éloges, beaucoup de jeunes
gens, sur-tout quand il a trouvé en eux une ame
honnête ; & s'il a mis du secret dans ses procédés, c'est quand il a versé ses dons sur l'in-
digence.

Au reste, ces trois vers, dont l'emjambement
est très-vicieux, ne sont qu'une déclamation pro-
saïque. Il n'est pas reçu de dire qu'un homme *outrage
la décence*, c'est outrager notre langue que de parler
ainsi.

§. XVI.

Défaut de Logique.

» Apprends à respecter tes maîtres au tombeau,
» Et que, tout mort qu'il est, il faut craindre *Boileau.*

Ce n'est pas là le ton de *Boileau*, c'est la ridicule
fanfaronnade d'un Paladin Espagnol, disons plus :
c'est très - mal raisonner de vouloir faire peur des
revenans à un homme qu'on accuse de ne pas
croire en Dieu.

§. XVII.

Injustice à l'égard de Perraut.

» Pour nos maîtres enfin, ma voix criant vengeance
» Terrassa de *Perraut* l'orgueilleuse ignorance.

Ce langage est assez conforme à celui de *Boileau* ;
mais, comme il faut être juste, nous conviendrons
que *Perraut* n'était pas né Poëte, mais il n'était ni

un ignorant, ni un homme orgueilleux. C'était un homme très-modeste, d'une érudition très - grande & très - variée , & *Boileau* n'était qu'un bel-esprit doué, à la vérité, du génie des vers & du goût le plus sûr.

Dans la querelle qu'au sujet des Anciens, *Perraut* & *Boileau* eurent ensemble , celui ci eut presque toujours tort pour le fond & dans la forme. Il prétendit que la nature avait épuisé ses forces en faveur des Anciens , & il dit des injures à son adversaire, qui n'employa à sa défense que des paroles douces & les armes de la raison.

Boileau eut l'adresse de mettre les rieurs de son côté , ce qui est assez ordinaire. Les connaisseurs furent pour *Perraut* , dont tous les torts étaient ceux de l'amitié. Ce sentiment l'aveugla sur *Chapelain* & sur le Poëme de *la Pucelle*. On est un peu fâché qu'il ait défendu la cause des Modernes en mauvais vers ; mais on peut faire de mauvais vers & être très-instruit.

Presque tout ce que *Perraut* a dit des Anciens est très-sensé, & , à peu de choses près, nous pensons comme lui. Nous l'avons de nos jours pleinement absous du crime qu'on lui fit alors , d'avoir dit que le divin *Platon était ennuyeux*, que le divin *Aristote* était tombé *dans le décri* , que *Plutarque* était un Auteur peu sûr pour l'Histoire , qu'*Hérodote* avait fait beaucoup de contes , enfin , que *Bossuet* & plusieurs autres de nos Orateurs auraient égalé en éloquence *Démosthènes* & *Cicéron* , si, comme eux, placés au milieu d'un peuple immense, ils avaient eu à plaider pour des cliens couronnés, ou à défendre la Patrie contre l'usurpation d'un tyran.

Perraut difait encore que les Orateurs Grecs &
Romains auraient été fort embarraffés , fi refferrés
dans la petite falle de notre Palais, placés très-
défavantageufement, n'ayant fouvent pour fpecta-
teurs qu'une vingtaine de perfonnes ; pour Juges,
quelques Magiftrats, fouvent entraînés, comme
malgré eux , à l'inattention par le peu d'impor-
tance des matières, ils euffent eu à débrouiller les
Coutumes de l'Auvergne ou du Forez, pour juger la
caufe d'un homme qui réclame une marmite qu'un
fripon de voifin lui a volée.

Ce n'eft point ici le lieu de parler du frère aîné
de *Perraut* : il fut traité d'ignorant par *Boileau* ;
c'était une grande injuftice. La façade du Louvre,
l'obfervatoire & l'arc de triomphe de la porte Saint
Antoine prouvent qu'il avait un génie grand &
élevé. Ayant de cultiver le bel Art de l'Architecture
& d'élever des monumens immortels , il avait
profeffé la Médecine. On fait qu'il guérit *Boileau*
d'une maladie grave, & que celui-ci l'en remercia,
par des épigrammes.

§. XVIII.

Menfonge.

»On te voit à *Mentor* préférer *Bélifaire.*

Cela n'eft pas vrai. M. *de Voltaire* a parlé en
différentes circonftances de ces deux ouvrages qui,
chacun en leur genre, ont des beautés particulières,
& un mérite qui leur eft propre. Nous les lirons
toujours l'un & l'autre avec plaifir. L'un eft plus
fait pour l'amufement des gens du monde, l'autre
pour l'inftruction de ceux qui gouvernent. Les cri-

tiques que les *Faidit* & les *C**. en ont faites sont
oubliées. C'est là le sort de tout ce qui n'est que
bas & méchant.

§. XIX.

Autre Mensonge.

» Au naïf enjouement je bornai ma satyre.

Boileau, comme on sait, accusa d'Athéisme le
Conseiller Desbarreaux ; il voulut rendre odieux ce
Magistrat aimable & instruit. Une accusation par-
devant le public, où il est question d'Athéisme,
n'est pas un enjouement naïf ; c'est une délation
abominable.

Voici un trait peut-être unique dans l'histoire des
hommes, & qu'on lit toujours avec un nouveau
plaisir. *Desbarreaux*, Rapporteur d'un procès, fait
appeller les Parties, leur propose un accommode-
ment, sur leur refus jette les pièces au feu, &
paie de son argent la somme exigée.

§. XX.

Vérité incontestable.

» L'avenir
» Garde le laurier qu'aux Auteurs il promet ;
» Non pour le plus fécond, mais pour le plus parfait.

S'il en était autrement, *Corneille*, *Racine*, *Boileau* seraient placés au-dessous des *Gacons*, & de
tous ces inépuisables barbouilleurs de papiers,
dont la stérile fécondité enfante quatre brochures par mois ; & , multipliant très-inutilement
les volumes sans rien ajouter aux connaissances
humaines, vivent en vantant les morts, qu'ils

auraient déchirés, s'ils avaient été leurs contemporains.

§. XXI.

Vérité infoutenable.

» Rien ne te fut facré, *Bourdaloue & Pafchal*,
» *Boffuet & Fénelon*, *la Fontaine* & moi-même.

On ne peut difconvenir que *Boileau* ne fût malin.
Il fe plaifait à défoler vingt petits Auteurs peu nui-
fibles au bon goût. Mais il était certainement plus
modefte que fon ombre. Il n'eût jamais dit : je fuis
un *Poëte facré* ; il avait trop de jugement, & s'il
l'eût dit, j'euffe été le premier à lui rire au nez.

§. XXII.

Calimathias.

» Un autre à Melpomène impofe un nouveau ton;
» Et fait parler *Euftache* au lieu d'*Agamemnon*.

Ce nom d'*Euftache* nous fait foupçonner qu'on en
veut ici au *Siege de Calais*, Pièce patriotique d'un
citoyen plein de zèle & de candeur, & qui a eu
le plus grand fuccès au Théâtre ; nous le foupçon-
nons, dis-je, mais nous n'ofons l'affurer ; car en
vérité nous ne voyons pas qu'*Agamemnon* ait jamais
rien eu à démêler avec les Anglais ni avec les ha-
bitans de Calais.

Au refte, *impofer un ton*, n'eft pas Français. *On
prend un ton, on donne le ton*, mais on n'impofe
point un ton ; quand on parle fi mal fa langue, on
doit s'impofer filence.

§. XXIII.

Bavardage.

» Grace à tes foins la noble & fimple Tragédie
» Devient une incroyable & vaine rapfodie ;
» Chez toi la Comédie eft un monftre grotefque.

Les deux premiers vers, dans lefquels on a che-
villé quatre épithètes, préfentent, il en faut convenir, une grande vérité. En vain tout Paris court au
Théâtre depuis plus de cinquante ans, pour applaudir aux Tragédies de *M. de Voltaire* ; il s'étourdit
lui-même au bruit de fes applaudiffemens. Quand
il verfe des larmes, il ne s'apperçoit pas qu'*Œdipe*
eft une *rapfodie*, que *Zaïre*, *Alzire*, *Mérope*,
Sémiramis, *Mahomet*, font des *rapfodies* ; que *Na-
nine*, l'*Enfant Prodigue*, font des monftres grotef-
ques. C'eft là fans doute l'effet de quelque enchan-
tement. On aura une grande obligation à l'homme
merveilleux qui défenchantera les Parifiens. Il ne
faut, à la vérité, qu'un petit miracle pour leur rendre
le bon fens ; & certes un miracle doit coûter bien
peu au Charlatan qui fait apparaître les ombres &
hurler les revenans.

§. XXIV.

Ineptie.

» Grace à tes foins
» L'Hiftoire eft un tiffu de vaines fictions.

Quoi ! L'Hiftoire de Charles XII eft une vaine
fiction ! Les barricades, l'homme au mafque de fer,
les batailles d'Holftect, de Nervinde, de Malplaquet,

les victoires du Grand Condé, la ligue, les croisades, l'affassinat de *Henri IV*, ne font que de vaines fictions ! Plût à Dieu que cette ombre eût raison ! Nous aurions en Europe quelques millions d'hommes de plus pour cultiver nos campagnes, & nous ne pleurerions pas la mort, à jamais affreuse, du meilleur des Rois.

§. XXV.

Mal-adreffe.

» Crains fur-tout qu'à la fin au Parnasse Français,
» Chacun te demandant compte de tes fuccès, &c.

C'eft être en vérité bien mal-adroit de placer un pareil reproche dans la bouche de *Boileau*, qui pendant cinquante ans fut traité comme le corfaire des Anciens. Il eft certain qu'il mit à contribution *Perfe*, *Horace* & *Juvénal*. Nous rapportons ce fait fans lui en faire un crime ; il eft fi riche de fon propre fonds, qu'on ne peut raisonnablement le blâmer de s'être paré des richeffes des Anciens ; il faut au contraire lui favoir gré de les avoir fait paffer dans notre langue.

Nous n'avons point encore eu, depuis le renouvellement des Lettres, d'Auteur célèbre qui n'ait effuyé la frivole accufation de plagiat. *Corneille* s'embellit de quelques beautés efpagnoles ; nous devons à *Euripide* & à *Sénèque* de très beaux morceaux que *Racine* employa avec un art infini. On fait que *Molière* répondait à ceux qui l'accufaient de s'enrichir des farces italiennes : *cela eft bon, donc cela m'appartient.*

J'ai vu le titre de deux énormes volumes intitulés *Plagiats de Jean-Jacques.* C'était là, je pense, les élucubrations d'un Auteur très-fin & très-délicat.

Bourdaloue & *Massillon* n'échappèrent point à ce reproche, qu'on peut regarder comme le dernier cri de rage, que, du fond de leur obscurité, la bassesse, la jalousie, les *Claverets* anciens & modernes poussent contre le génie & le mérite.

Si l'*Ombre de Boileau* reparaissait encore, nous la prierions de nous indiquer dans quels Auteurs *M. de Voltaire*, après les rôles de *Zamore* & de *Lusignan*, les sermons de *Zopire*, les vers d'*Orosmane*, le caractère de *Zamti*, enfin toutes les scènes attendrissantes, & tant de beaux vers que *M. Freron* fait par cœur.

« Ah! mes chers frères, disait un Capucin plein » de zèle, si je ne craignais d'abuser de votre pa- » tience, je vous prouverais que *M. de Voltaire*, » que vous admirez tant, que vous aimez tant à » lire, & dont vous ne faites que parler toute la » journée, comme si vous n'aviez rien de mieux à faire, » n'a rien inventé, rien imaginé; oui, je vous le » soutiens à vous tous, beaux-esprits qui m'entendez, » qu'il a tout pillé, jusqu'au livre abominable du » *Huron*, où il se moque des Pères Jésuites, du » Père *Quesnel* & de la montagne de *S. Dunstan* »

§. XXVI.

Déraisonnement.

» Par-tout germe le grain de la Philosophie;
» Sous les glaçons du nord il pousse & fructifie.

La Philosophie, après la Religion, qui fait agir par des motifs surnaturels, & qui seule élève l'homme

au-deffus de lui-même; la Philofophie, dis-je, eft
ce que nous avons en ce monde de plus propre
pour nous porter aux grandes chofes. C'eft elle qui
nous fait remplir tous nos devoirs, qui lie le fujet
à fon Roi, & le citoyen à fa Patrie On fe rappelle
qu'*Antonin* était Philofophe, & que fon règne fut
celui de la félicité publique. *Marc-Aurèle* était
Philofophe, & tous fes peuples le bénirent. *Titus*
était Philofophe, & la bonté de cet Empereur fit
oublier les débauches, les rapines, les barbaries,
la démence tyrannique des monftres qui l'avaient
précédé dans le gouvernement du monde.

Si c'eft à la Philofophie de *Catherine II*, que les
Ruffes doivent la liberté, que les Pruffiens font
redevables d'un Code de loix; fi c'eft la Philofophie
qui dicte les difcours du jeune Roi de Suède, &
qui dirige fes démarches; fi c'eft elle qui a produit
en Europe cette abondance de lumières, qui doit
tôt ou tard fi fort contribuer au bonheur des hommes; refpectons cette Philofophie par qui nous
viennent tant de biens; il faut la bénir, & non pas
s'en moquer.

§. XXVII.

Plagiat.

Dans tous les pays du monde, c'eft un ufage
généralement reçu de fe fervir du nom des morts
pour outrager les vivans. Cette tournure, à la vérité, eft un peu ufée, & parmi nos grands hommes nous n'en avons aucun qui ne l'ait dédaignée.
Boileau eft un de ceux dont on a le plus fouvent
évoqué l'ombre.

Gacon qui avait deux fortes de mérite: celui d'être

bête & méchant, qui prenait le titre de *Poëte sans fard*, & qui n'était qu'un rimeur impudent, ayant épuisé contre *La Motte* tous les genres de bouffonneries, l'apostropha au nom de *Boileau*. Le sage *La Motte* ne répondit rien, il se contenta de dire dans sa Fable du *Moqueur* :

> Et quant à ces esprits malins
> Qui des talens d'autrui font leur propre supplice,
> Puissent naître par eux des ouvrages divins
> Dont le mérite les punisse.

Ce n'est point être plagiaire que d'employer une méthode reçue, mais on l'est, quand, ne se servant que de la méthode des autres, on ne répète que ce qu'ils ont dit.

Quand le *Cid* parut, un jaloux, blessé du succès de cette Tragédie, évoqua l'ombre de *Guillain de Castro*, pour traiter *Corneille* de *sot*, *d'ignorant* & de *plagiaire*. Voici, autant qu'il m'en souvient, les vers de l'ombre espagnole :

> Donc fier de mon plumage, en Corneille d'Horace,
> Ne prends pas un vol plus haut que le Parnasse.
> Ingrat, rends-moi mon *Cid* jusques au dernier mot,
> Après tu connoîtras, Corneille déplumée,
> Que l'esprit le plus vain est souvent le plus sot,
> Et que tu me dois toute ta renommée.

Lisez maintenant ceux de l'*Ombre de Baileau* :

> « Crains sur-tout qu'à la fin au Parnasse Français,
> » Chacun te demandant compte de tes succès,
> » Ne se trouve en lambeaux par-tout dans tes ouvrages,
> » Et que tous ces oiseaux reprenant leurs plumages,
> » De furtives couleurs le corbeau dépouillé,
> » Ne soit des spectateurs, sifflé, moqué, raillé ».

En comparant ces deux morceaux, on voit que
celui-

celui-ci eſt une vraie & très-plate copie de celui du prétendu *Guillain de Caſtro* ; qu'ils ſont tous deux dictés par le même eſprit, celui de nuire.

Au reſte, je ne ſais quel eſt cet Auteur, qu'au nom de *Caſtro* apoſtropha *Corneille* ; mais il y a une grande apparence que c'était un de ces petits charlatans littéraires, à qui la nature donne toujours en méchanceté & en jalouſie ce qu'elle leur refuſe en mérite & en talens , & que la Police ne tolère que par la crainte qu'ils ne faſſent pis.

§. XXVIII.

DIALOGUE *entre un Ami de M. de Voltaire & un de ſes Ennemis, ſur Oreſte, ſur M. de la Harpe & ſur le Teſtament de M. de Voltaire.*

L'AMI DE M. DE VOLTAIRE.

Vous aſſurez que M. *de la Harpe* appelle *Oreſte* un *chef-d'œuvre des cieux.* Cela n'eſt pas vrai, M. le Libelliſte. Cet Auteur n'a jamais dit cette ſottiſe ; j'appelle ſottiſe la maniere dont vous vous exprimez. Cette Tragédie vous déplairait-elle ?

L'ENNEMI DE M. DE VOLTAIRE.

Beaucoup : c'eſt un Drame pitoyable. Il m'ennuie à périr.

L'AMI.

J'en ſuis fâché. C'eſt ici une affaire de goût, & le goût eſt une choſe ſur laquelle on ne diſpute pas ; malheur à celui qui en a de bizarres. Ne pourriez-vous pas vous conſoler du dégoût que vous inſpire cet *Oreſte*, en liſant *Œdipe*, *Tancrede*, *Gingiſ-Kam, la mort de Jules-Ceſar* ?

L'ENNEMI.

Je ſuis auſſi peu content de toutes ces *rapſodies* que d'*Oreſte.*

C

L'A m i.

Eh bien ! lifez l'*Ecoffaife* : on la repréfente ce foir. Allez au Théâtre, tout Paris y court. L'Actrice nouvelle jouera la vertueufe & belle *Lindane* ; vous pourrez vous amufer du rôle de *Wafph*.

L'E n n e m i.

Ah ! c'eft un monftre dégoûtant.

L'A m i.

Quoi ! l'Anglais *Wafph* eft un monftre ?

L'E n n e m i.

Non. L'Anglais eft un très-honnête homme. C'eft le Drame qui eft un monftre. Si j'allais ce foir à la Comédie, ce ferait pour y fiffler de toutes mes forces.

L'A m i.

Cela eft pardonnable. Quand on écrafe un Frélon, il eft naturel que les autres bourdonnent.

Il eft des perfonnes que les grands ouvrages font bâiller : elles ne prennent plaifir qu'aux bagatelles, aux pièces fugitives. Vous connaiffez fans doute le *Réveil de M. Dorat* ; les vers en font charmans ; vous êtes fombre, lifez-les, ils pourront vous égayer. Lifez auffi les *Cabales*, imprimées chez *Valade* ; c'eft une petite facétie dont tous les Parifiens fe font amufés, & qui pourra vous réconcilier avec *M. de Voltaire*.

L'E n n e m i.

Non : je ne veux pas la lire, c'eft un libelle fcandaleux ; les trente premiers vers font abominables & les autres ne valent rien. *Chapelain* n'en fit jamais d'auffi mauvais. Il y parle d'un *Camarade crotté*, & il ajoute au fujet de ce camarade :

Je ne m'attendais pas qu'un crapaud du Parnasse
Eût pu dans son bourbier s'enfler de tant d'audace.

De quel crapaud l'Auteur veut-il parler ?

L'AMI.

Je n'en sais rien.

L'ENNEMI.

Ah! Si je croyais que ce fût de moi, il verrait
beau jeu; je ferais des Lettres contre lui, j'exami-
nerais ses ouvrages..... je.....

L'AMI.

On n'est qu'à plaindre, quand on a le goût dé-
pravé; mais on se rend odieux à tous les hommes,
quand on est calomniateur. Vous l'avez traité
d'Athée, avez-vous quelque chose de plus fort à
inventer, que cette délation? Elle a paru si étrange,
que les lecteurs de votre Satyre n'ont fait aucune
attention à votre mensonge sur *M. de la Harpe*.

L'ENNEMI.

Qu'appellez-vous mensonge ? Apprenez que je
n'ai point menti au sujet de cet homme. Ce que
j'ai dit est très-vrai, & j'ai même trouvé dans
la rue S. Jacques trois ou quatre personnes qui
m'ont cru.

L'AMI.

Ou qui ont fait semblant de vous croire. Vous
dites qu'il *se promet bien d'être dans peu le Légataire
de M. de Voltaire*. Ah ! Monsieur, un mensonge,
pour être en mauvais vers, n'en est pas plus
croyable. *M. de la Harpe* vous a-t-il fait part de
ses intentions ? Je pense tout au moins que vous
le connaissez.

L'ENNEMI.

Je ne lui ai jamais parlé; je ne l'ai jamais vu;

je ne le connaîtrai de ma vie ; mais je fuis fon ennemi, attendu qu'il eft l'ami de *M. de Voltaire*, & je ne perdrai aucune occafion de le lui faire fentir.

L'A m i.

Il vous le rendra. Mais vous avez donc à vous plaindre de lui ? A-t-il écrit contre vous ? Vous a-t-il attaqué ?

L'E n n e m i.

Il ne m'a point attaqué, mais il a ofé fe défendre.

L'A m i.

C'eft là un très-grand tort ; & je conçois qu'il mérite d'être puni ; mais, en fe défendant, vous a-t-il dit des injures ?

L'E n n e m i.

Il ne m'a point dit d'injures, & c'eft par-là même qu'il m'eft odieux. En me répondant, il a affecté de parler avec beaucoup de modération. Par fes raifons, par fon ton honnête, & par fes plaifan-teries, il a mis les connaiffeurs, les honnêtes gens & les rieurs de fon côté, jugez fi je dois le haïr.

De plus, il a fait une très-mauvaife Tragédie, qu'on applaudit avec fureur, & j'ai fait deux ou trois Satyres fort longues & fort bonnes contre vingt Auteurs ; le peu de perfonnes qui les ont lues s'en moquent ; & cela me fuffit pour être en droit de dire qu'il a un mauvais cœur, & par conféquent, qu'il voudrait que *M. de Voltaire* fût mort, pour jouir de ce qu'il lui laiffe par fon Teftament.

L'A m i.

Vous ajoutez que dans ce Teftament, *il y a un legs très-confidérable pour celui qui louera le plus Orefte, & qu'il écrit à tous les jeunes gens pour leur mander qu'il mettra fur fon Teftament tous*

ceux qui voudront bien louer fes plus mauvais ou-
-vrages. Vous avez fans doute vu ce Teftament &
ces Lettres?

L'ENNEMI.

Je n'ai vu ni Teftament ni Lettres ; je n'en a
même jamais entendu parler ; mais cela doit être,
& je me crois auffi autorifé à affurer ce que je n'ai
pas vu, que *M. de Voltaire* lui-même fe croit en
droit de parler des Chinois, fans jamais avoir dîné
avec aucun Mandarin de la Chine.

L'AMI.

Vos raifons me confondent ; & il ne me refte
que la honte d'avoir ofé difputer avec un auffi grand
Logicien, un homme auffi honnête & auffi éclairé
que vous, qui poffede l'art de deviner & les claufes
des Teftamens, & les intentions des Légataires. Au
revoir, l'Ami.

§. XXIX.

Répétitions & Vers pillés:

» Le fot qui t'admira par toi fut admiré.
» Quiconque eft fans génie eft fûr de ton fuffrage,
» Et la médiocrité trouve en toi fon refuge.

Ces trois Vers font une froide répétition les uns
des autres. Le premier eft une imitation très-forcée
de cette belle vérité de Boileau, *un fot trouve toujours*
un plus fot qui l'admire. Ce qu'on doit admirer ici,
c'eft l'application qu'on fait de ces trois Vers. Le
fot, l'homme fans génie, l'homme médiocre font
MM. d'Alembert, Diderot, Marmontel, Thomas,
Saurin, du Beloi, de la Harpe, de Lifle, Blin de
Sainmore, &c.

C iij

§. XXX.

Vers faibles & Vers durs.

» Voltaire, Auteur brillant, léger, frivole, vain....
» Es-tu donc du complot avec ces beaux-esprits !....
» C'est imiter le singe & payer en gambades....
» La fureur d'étaler de l'esprit sans mesure....
» Convertir tous les cœurs à l'Encyclopédie....
» Accueillir tous les mois tes Satyres nouvelles....
» Comme à des jeux d'esprit sourire à tes libelles....

Tout cela n'est beau ni bon, ni en prose, ni en vers. *Cotin* mettait plus d'harmonie dans les Satyres qu'il fit contre *Boileau*. « Ce n'est pas la » peine d'écrire en vers, quand on se permet un » style si commun : ce n'est là que rimer de la prose triviale.

Boileau était trop judicieux pour faire rimer *libelles* avec *satyres nouvelles*, qui ne signifient en cet endroit que la même chose.

Tout vers qui n'est composé que de mots, n'ajoutant rien au sens, est un mauvais vers. La poésie veut des expressions qui peignent, des termes qui emportent des idées, sans cela il faut dire avec ce même *Despréaux* qu'on fait parler :

» Je hais ces esprits de travers,
» Qui pour rimer des mots pensent faire des vers.

§. XXXI.

Barbarismes & fautes contre la Langue.

Nous avons vu jusqu'ici l'Auteur que nous vous dénonçons, se jeter avec une espèce de démence sur tout ce qui jouit de l'estime publique. Examinons à préfent, comme il parle fa Langue : c'eft ici une affaire toute entière de votre département. Cet article, à la vérité, a été un peu traité dans quelques-uns de nos paragraphes ; mais il refte encore des chofes effentielles à dire. Nous vous prions feulement de fuppléer dans un nouveau volume d'*obfervations* à ce qui nous échappera : nous ne prétendons pas tout dire, car nous ne voulons pas ennuyer.

I.

»» *Sous couleur d'illuftrer* Corneille & fa mémoire.

Sous couleur d'illuftrer n'eft pas Français ; cette façon de s'exprimer ne ferait pas admife dans les converfations d'une bourgeoifie paffablement élevée. C'eft une très-grande faute d'employer, en parlant au Public & fur-tout en parlant en vers, des tournures de phrafes qui ne font pas reçues. Mais ce qui augmente la faute, c'eft de s'en fervir en écrivant à l'homme qui parle le mieux fa Langue, & fur-tout en écrivant au nom du plus correct de nos Auteurs.

Vous devriez être, *M. Clément*, d'autant plus févère à réprimer cette licence, qu'un barbarifme une fois admis à Paris, fe trouve bientôt imprimé en Province ; c'eft de-là même que nous viennent tous les jours tant de façons ridicules de s'exprimer : *fous peu de jours*, pour dire dans peu de jours : *fous le pli de Madame*, pour dire à l'adreffe de Madame. Ces manières vicieufes de parler font ordinairement le fruit d'un mauvais terroir & d'une mauvaife éducation.

2.

»» Tu viens *loueur* perfide & *Scuderi* nouveau.

On dit un *loueur de chaifes*, un *loueur de maifons*,

(40)

un *loueur de fiacre*, mais on ne peut appeller loueur un homme qui donne des louanges. On a bien dit à *Boileau* qu'il était le *flatteur* de *Louis XIV*, mais on n'a point dit qu'il en fût le loueur.

Louangeur, s'est introduit dans le langage familier, pour désigner un homme qui prodigue bassement la louange. Si vous ne faisiez pas justice de ce mot *loueur*, on dirait bientôt *blâmeur*, & peut-être ce dernier mot, qui dans notre Langue n'aurait qu'une signification unique, serait plus pardonnable.

On trouve, à la vérité, *loueur* dans *Molière* ; mais cet Auteur inimitable, qui est appellé à juste titre le *Législateur des bienséances*, n'est point regardé comme le législateur de notre Langue. Dans plusieurs de ses Comédies on trouve des barbarismes. D'ailleurs, l'Auteur de tant de chef-d'œuvres, a pu se permettre des licences impardonnables aux Auteurs médiocres, chez qui les fautes de grammaire ne sont jamais rachetées par des beautés de sentimens.

3.

» Tes ouvrages sont faits pour ton siècle frivole,
» Tes *défauts complaisans* t'en ont rendu l'idole.

Molière eût enrichi *les Précieuses ridicules* de ces *défauts complaisans* ; il en eût fait un bon mot, qui n'eût pas mal figuré à côté *des commodités de la grandeur*, & *du conseiller des graces*.

Un rimeur peut se complaire en ses mauvais vers, un folliculaire en ses chiffons comme une araignée en ses ordures ; mais il n'y a que *M. le Marquis de Mascarille* qui, dans le siècle dernier, eût pu se plaire à dire *des défauts complaisans*.

4.

» Et non moins ennemi d'un *style trop hautain.*

On fait ce que c'eft qu'un ftyle noble, pur, rapide, abondant, c'eft celui de *M. de Voltaire.* Un ftyle doux, agréable, fleuri, harmonieux, c'eft celui des Contes de *M. de Marmontel.* On connaît le ftyle nourri, foutenu, fier & modefte, de *M. d'Alembert.* Un ftyle dur, plat, verbeux, entortillé, indécent, paffionné, c'eft celui de l'homme atrabilaire que nous réfutons. Style bien différent du ftyle correct, harmonieux & enjoué, dont fe fervirait l'ombre de *Defpréaux,* fi elle daignait nous inftruire.

Nous avons plus de cinquante épithètes pour exprimer les différentes fortes de ftyle, mais on n'avait point encore hafardé *ftyle hautain;* on dit bien un *efprit hautain,* c'eft celui dont l'amour-propre fe réveille brufquement, & dont le caractère n'eft point encore accoûtumé à fe plier aux diverfes circonftances de la vie.

Si ceux qui, comme vous, Monfieur, veillent à la pureté de notre Langue, ne s'oppofaient point à l'intrufion de ces manières de parler, & qui, étant contre l'ufage, font de vrais barbarifmes, elle deviendrait bientôt un jargon. Vous ferez fagement de le profcrire, & de les renvoyer avec leur Auteur en Province, d'où il ne paraît être arrivé que d'hier.

5.

» Et Thomas tout *bouffi* de fon ftyle *hidropique.*

On dit bien d'un homme que quelque objet a fortement irrité, qu'il eft *bouffi de colère, bouffi de*

rage, & c'eſt ce qu'on pourrait aſſurer de certains
prétendus Poëtes de nos jours ; mais on ne dira jamais
bouffi d'un *ſtyle hidropique*, c'eſt un pur galimathias.
On ne met pas non plus dans un même vers l'épithète
de *bouffi* avec celle d'*hidropique* ; rien n'abrége tant
le diſcours, dit le ſage & modeſte *La Mothe*, & ne
multiplie plus le ſens qu'une épithète bien choiſie :
elle tient lieu preſque toujours d'une phraſe entière.
Elle eſt dans un bon Poëte un moyen de force &
de préciſion, tandis que dans un homme médiocre
les épithètes mal choiſies, ou entaſſées forment la
lâcheté du ſtyle, & décélent une imagination froide
& de mauvais goût.

Au reſte, chaque vers que nous examinons prouve
que notre faiſeur de Satyres, connaît auſſi peu les
tropes du ſage *du Morſais*, que le petit code de la
civilité des Auteurs.

6.

>> Rejétant ſur Perraut avec plus d'équité
>> L'affront dont il *ſouillait* la docte antiquité.

Cette ombre en veut furieuſement à *Perraut* ;
on ne voit pas trop pourquoi, attendu qu'il eſt mort.
Il y a en vérité moins de jugement que de manie,
de chercher à avilir le nom à jamais reſpectable de
Perraut dont la famille, ſous le règne de *Louis XIV*,
a infiniment contribué aux progrès de tous les Arts,
comme au développement de l'eſprit humain.

Venons à la faute de grammaire qui ſe trouve
dans le dernier des deux vers cités. On couvre d'affronts des hommes qui s'aviliſſent par la baſſeſſe du
métier qu'ils font. L'impudence & l'étourderie ont
quelquefois fait des affronts à des hommes eſtimables,
mais on n'a jamais *ſouillé* perſonne d'*affronts*. La

profeſſion de Satyrique expoſe ſouvent à recevoir
des affronts ; mais ce ſerait mal parler, que de dire
on a ſouillé d'affronts un F.....

7.

» Pourvu qu'un trait brillant à chaque inſtant pétille
» Que d'éclairs imprévus le *ſtyle éclate & brille*.

C'eſt encore ici du mauvais ſtyle qui a pourtant
trouvé des partiſans. J'ai entendu des jeunes gens
mal élevés, encore plus mal inſtruits, portant pour
enſeigne de ſuffiſance ou d'inſuffiſance, nom de
Marquis & talons rouges, citer & répéter à tous
propos ces deux vers comme un exemple de Poéſie
imitative.

Si jamais vous vous trouvez avec ces jeunes gens,
c'eſt à vous, en votre qualité de *faiſeur d'obſervations*, de leur apprendre que *M. de Voltaire* étonne
ſouvent par des beautés frapantes, qu'il inſtruit encore plus ſouvent par des vérités utiles, mais qu'il
n'a jamais *éclaté d'éclairs*.

Il n'eſt point en Bourgogne de Magiſter de village
qui ne ſache que c'eſt le tonnerre qui éclate, &
que ce ſont les éclairs qui brillent.

8.

» L'honneur, la probité, les vertus les plus pures
» Ne ſont point à l'abri de tes lâches morſures,
» A ces indignités ton vers eſt aſſorti.

Il eſt inutile de faire remarquer la grace, l'harmonie, le rhitme de ce troiſième vers. Mais nous
devons pour le bon exemple blâmer *M. de Voltaire*,
d'avoir fait des morſures *à l'honneur, à la probité,
& aux vertus les plus pures* de quelques ex-Jéſuites,

qui , pour vivre , l'ont outragé pendant plus de
vingt ans , & d'une dixaine de roquets littéraires,
qui voulaient l'étrangler. Pardon, Monſieur, de me
ſervir de quelques expreſſions dont *du Morſais* ſe
ſerait moqué , & dont nous nous moquons nous-
mêmes en les employant.

9.

“ Tu fais armes de tout : l'infame calomnie
“ Te ſouffle ſon poiſon & devient ton génie.

Admirons encore l'harmonie du premier hémiſtiche
de ces deux vers , & la vérité qu'ils renferment. Il
eſt des choſes ſi genéralement connues, qu'il devient
entièrement inutile de les écrire. *La calomnie eſt ton
génie.* Eh! qui en doute ! Ne le voit-on pas dans
Zaire , dans *Alzire*, dans les *Schytes* & le *Trium-
virat* ? C'eſt , & il n'en faut pas douter , la calomnie
qui a écrit la *Henriade* , le *Siècle de Louis XIV.* Il
faudrait être bien idiot pour ne pas ſentir que c'eſt
à cette *infame calomnie* que nous devons *Zadig,
Memnon , Mieromegas , Gahou , l'Education des
filles , la Bégueule , ce qui plaît aux Dames , Jean
qui pleure & qui rit* , &ç.

10.

“ Tu vas pour l'accabler , de fades railleries ,
“ Epuiſer tout le ſac de tes bouffonneries.

Fades railleries & bouffonneries ſont la même
choſe , & par-là même une violation manifeſte de
la première règle de nos rimes.
Sac de bouffonneries n'eſt ni de notre ſiècle , ni
des bons Auteurs des ſiècles paſſés. Cette manière

de parler eſt entièrement burleſque ; ce n'eſt point
là le ſtyle de *Boileau* ; c'eſt celui de *Gacon*. Il convient
que tout perſonnage qu'on introduit ſur la ſcène,
parle le langage qui lui eſt propre. *Boſſuet* ne doit
point haranguer du ton de *Tabarin* ; & le *Miſan-*
thrope dans ſes humeurs, doit, en grondant, parler
tout autrement que *Sganarelle* qui querelle ſa femme.

C O N C L U S I O N.

Il eſt tems de terminer une Dénonciation, qui
peut-être n'a été que trop longue. Le lecteur indul-
gent nous pardonnera d'avoir mêlé quelques leçons
de ſageſſe & de grammaire à nos obſervations.
Mais il s'agiſſait de réfuter un homme qui a conſ-
tamment joint à un ſtyle vicieux beaucoup de mali-
gnité.

Nous avons cru auſſi pouvoir nous permettre
quelques anecdotes littéraires & quelques citations,
crainte que l'ouvrage n'eût paru que frivole & n'eût
été qu'ennuyeux, s'il n'y avait eu que des raiſons
& des vérités.

En vain on nous écrit que la Satyre du prétendu
Boileau, ne mérite que l'oubli ; nous penſons au
contraire qu'elle doit être ſoigneuſement conſervée.
Elle ſera un jour une preuve de plus pour l'hiſtoire
des folies de l'eſprit humain.

Elle peut encore être très-utile aux grands hommes qui viendront après nous, & aux jeunes gens
qui ſe dévouent à la culture des Belles-Lettres. Les
premiers, en la parcourant, ſe conſoleront d'être atta-
qués par leurs contemporains. Ils verront que, dans
tous les tems, ce fut pour les hommes de génie, une
deſtinée inévitable, d'être admirés & perſécutés.

Quant aux jeunes gens ; des Maîtres habiles pourront leur montrer cette médaille de démence, pour
leur inspirer l'horreur de la satyre, à-peu-près comme
à Lacédémone pour inspirer la tempérance à un
jeune Spartiate , on exposait à ses yeux un Ilote
plongé dans l'ivresse.

DIGRESSION

Sur quelques Ecrits en vers de M. DE
VOLTAIRE.

ON écrivit peu contre *Scuderi, Boisrobert, Claveret,*
d'Aubignac , Visé & Cotin. Trop obscurs pour exciter
l'envie , ils n'excitèrent que la risée. Ils étaient jaloux, imbéciles & pédans ; on crut qu'il suffisait de
se moquer d'eux pour s'en venger.

Il n'en fut pas ainsi de *Corneille* & de *Racine.*
On formerait une petite bibliothèque de toutes les
brochures qu'on imprima contr'eux. Il s'en ferait
une considérable de cette multitude de libelles,
dont depuis plus de soixante ans, on a inondé Paris
& les Provinces, contre *M. de Voltaire.*

C'est une chose digne d'attention que les différentes métamorphoses sous lesquelles la jalousie &
la méchanceté se sont reproduites pour l'outrager,
& s'il est vrai que le mérite soit en raison des attaques de l'envie, nous devons le regarder comme
le premier homme qui ait jamais existé.

Dans le tas immense de libelles qu'on a brochés
contre lui, il en est quelques-uns qui, par leur

fingularité, méritent d'être tirés, pour un moment, de l'oubli éternel auquel ils font condamnés.

Le premier eft une *Epître du Diable*, dans laquelle les gens de goût admirèrent combien il était ingé-nieux à un Chrétien de faire parler le langage des Dieux au diable, pour traiter d'Athée un autre Chrétien. Cette *Epître* n'eft pas la première en date; lorfqu'elle parut, *M. de Voltaire* avait déjà reçu du pays des damnés cinq ou fix lettres dont nous croyons devoir nous difpenfer de parler. 1758.

On n'admira pas moins l'ingénieux Auteur, qui l'année fuivante fit parler *la Lais Philofophe*: on fut fur-tout fort édifié de voir une proftituée érigée en Apôtre, & du fein de la débauche donner à *M. de Voltaire* des leçons de fageffe & de philo-fophie. 1759.

Un Auvergnat, dévoré de zèle & gelant de froid, fit neuf mille neuf cens vers alexandrins, pour lui prouver qu'il était un ignorant en ce monde & qu'il ferait damné en l'autre. Cet Auvergnat at-tachait une grande vertu au nombre de neuf. Son Poëme avait pour titre : l'*Eternel à Voltaire*. Cet Eternel avait, par fon langage, tout l'air d'être le Père Eternel des petites maifons. 1761.

La profanation ne s'en tint pas là; & la Sainte Vierge eut fon tour. On fit imprimer une Satyre avec ce titre : *la Sainte Vierge mère des Fidèles, à François-Marie Arrouet de Voltaire*. 1762.

Celui qui parlait au nom de la Sainte Vierge, lui reprochait fort adroitement d'avoir eu un frère Jan-féniste; l'Abbé de *Château-neuf*, pour Précepteur; l'Abbé de *Chaulieu* pour ami, & Mademoifelle *Ninon de l'Enclos* pour bienfaitrice.

M. de Voltaire ne fut pas plus honnête envers

cette prétendue Sainte Vierge , qu'à l'égard du prétendu Père Eternel. Il se comporta sagement ; & ne
répondant à personne , il ne voulait rien avoir à
démêler avec ces Poëtes, qui parlent tantôt au nom
de Dieu , & tantôt au nom du Diable.

Mais telle a été sa destinée : son silence a enhar-
di les grands hommes qui aiment à dire de petites
honnêtetés en vers ; & un Provençal prenant une
tournure nouvelle pour répéter ce que le méchant &
la fille de joie lui avaient déjà écrit, a fait imprimer
1771. douze cens vers avec ce titre édifiant : l'*Impie*,
*Poëme divin , dédié à. M. de Voltaire , par M. le
Chevalier de Baptaudier , de Marseille.*

Ce *Poëme divin* peut bien avoir rendu plus sages
les Provençales , mais il n'a fait d'ailleurs , à ce
qu'on nous a assuré, ni envieux ; ni ennemis à feu
M. le Chevalier *de Baptaudier.* On a seulement
admiré son courage , & sur-tout la modestie qu'il a
eue d'appeler ses douze cens vers ; *Poëme divin* (1).

On vient tout récemment, & toujours au nom
de Belzébut, d'évangéliser *M. de Voltaire* en vers
communs. Ce nouveau Poëme est intitulé *Phaéton
moderne.* Nous ne nous permettrons aucune réflexion
1772. sur cette immortelle production du Frère *Olens* , nous
répéterons seulement , avec un sage Auteur, qu'il est
inutile qu'un Capucin fasse hurler le Diable, pour
faire peur à un Père Temporel des Capucins. Cela
n'est même pas honnête (2).

_____

(1) Quoique M. le Chevalier de *Baptaudier* soit mort
& dûment enterré à Marseille, nous n'aurions pas pris la
liberté de le nommer, s'il n'avait affecté de mettre lui-
même son nom à la tête de ses *Vers divins.* C'était de son
vivant un bon père , que M. le Chevalier de Baptaudier ,
& sur-tout un rude homme !

(2) Voyez en les raisons dans la *Lettre d'un Père à son Fils* ;
chez Valade.

Il reſtait encore à évoquer les ombres, pour lui apprendre ſon devoir ; & ce moyen vient d'être employé avec une très-grande charité. Autrefois ce fut celle de *Guillain de Caſtro* ; qu'on évoqua pour traiter l'Auteur du *Cid*, de *plagiaire*, & *Chimène* de *proſtituée*. Dans d'autres tems ce fut tantôt l'ombre d'*Homère* & tantôt celle de *Colbert*, qui inſtruiſirent les vivans. En 1717, *Gacon* fit apparaître *Boileau* pour apprendre à *M. de la Motte*. à parler Français.

Aujourd'hui c'eſt ce même *Boileau* qu'un homme ſage, charitable, & point pédant a *évoqué*, pour enſeigner une infinité de très-bonnes choſes, à *M. de Voltaire*, qui, malgré tant de belles leçons, qu'on lui a faites depuis ſi long-tems, & qui ſans avoir jamais voulu donner aucun ſigne d'entendement, a continué, comme ſi de rien n'était, à compoſer des Tragédies, des Comédies, des Poëmes épiques, des Romans, des Hiſtoires pour l'inſtruction des hommes, & des petits Contes moraux pour l'amuſement des Pariſiens.

Il a pouſſé l'impénitence encore bien plus loin. On l'a vu, avec ſcandale, recueillir les reſtes du ſang des *Corneilles* ; il a vengé *Calas* du ſupplice de la roue ; les *Sirven* lui doivent la vie & la fortune ; l'honneur des *Montballi* d'Arras eſt ſon ouvrage. Ses vaſſaux ſe ſont enrichis par l'encouragement qu'il a donné à la population & à l'Agriculture. Une colonie d'Artiſtes s'eſt établie par ſes ſoins & ſes généroſités, autour de ſon Château. Il combat aujourd'hui pour la liberté de quinze mille eſclaves enſevelis ſous les neiges éternelles du Mont-Jura (1). On ne peut lui re-fuſer l'honneur d'avoir porté, dans les quatre parties

---

(1) Voyez ſon *Placet au Roi*. Ce Placet ſe trouve chez Valade, rue S. Jacques.

(50)

du monde , la vraie gloire de notre nation ; tandis que des ambitieux n'y ont porté que leur fureur, leur cupidité & la dévastation.

Enfin, il vit, au milieu de ses terres, comme le meilleur des pères au milieu d'une famille nombreuse.

C'est là le plus bel exemple d'humanité que la Philosophie puisse donner à tant d'hommes possesseurs de terres immenses, qui, à Paris, ne jouent que le triste rôle de valet, n'y vivent que comme des Ottomans au milieu de leur Harem, & qui pourraient, auprès de leurs Vassaux, jouir de cette délicieuse souveraineté qu'on acquiert toujours sur le cœur des hommes, en leur faisant du bien.

Tels sont les titres respectables qui donnent à M. de Voltaire droit aux hommages du genre humain. Ces titres ne devaient lui faire que des imitateurs, ils lui ont encore valu une vingtaine d'ennemis, dont la postérité ne prononcera les noms qu'avec mépris & indignation. Les Satyres amusent quelques instans l'oisive méchanceté, & disparaissent pour toujours ; mais les noms des Satyriques demeurent éternellement.

F I N.

TABLE
DES MATIÈRES.

TABLE.

Fin de la Table.

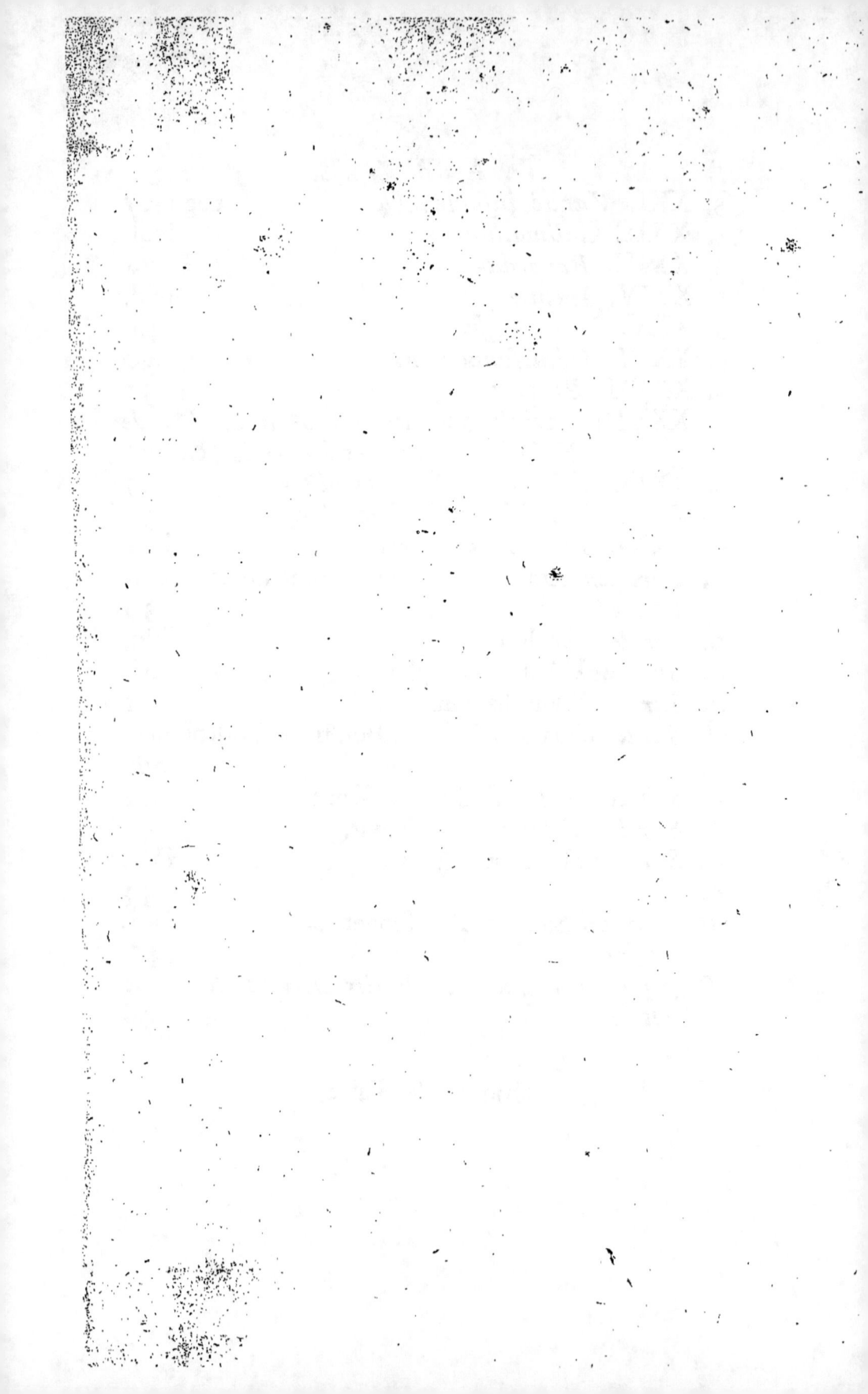

www.ingramcontent.com/pod-product-compliance
Lightning Source LLC
LaVergne TN
LVHW022204080426
835511LV00008B/1558

9 782012 174030